ALESSANDRA CEVASCO
DAVIDE MARINO

LE ACQUE DEL FIUME LETHE
THE WATERS OF THE LETHE RIVER

SilvanaEditoriale

Silvana Editoriale

Direzione editoriale / Direction
Dario Cimorelli

Art Director
Giacomo Merli

Redazione / Copy Editor
Clelia Palmese

Traduzioni / Translations
Scriptum, Roma

Impaginazione / Layout
Denise Castelnovo

Coordinamento organizzativo / Production Coordinator
Michela Bramati

Segreteria di redazione / Editorial Assistant
Emma Altomare

Ufficio iconografico / Photo Editor
Alessandra Olivari, Silvia Sala

Ufficio stampa / Press Office
Lidia Masolini, press@silvanaeditoriale.it

Ringraziamenti:
Desideriamo ringraziare (in ordine di apparizione):
Gino Canessa, Bruno Cassaglia, Davide Venier, Elisa Morando, Alessia Morando, Gianni, Clelia, Dario, Giorgio, Giovanni, Giuseppe e tutti coloro che compaiono nel libro e di cui non conosciamo il nome.

Acknowledgements:
We wish to thank (in order of appearance):
Gino Canessa, Bruno Cassaglia, Davide Venier, Elisa Morando, Alessia Morando, Gianni, Clelia, Dario, Giorgio, Giovanni, Giuseppe and all those who appear in the book and we don't know the name.

LA POESIA DELL'OBLIO

ROBERTO MUTTI

*"I bei luoghi che percorriamo in cerca di ispirazione
ci sorprendono per la malinconia cui possono indurre..."*
Robert Adams

Se c'è qualcosa del passato con cui dobbiamo fare i conti, questo è il concetto di mito. Come spesso succede ai termini del cui impiego si eccede, anche questo ha perso nell'uso comune molte delle sue fondamentali caratteristiche, perfino quella della sua definizione visto che con troppa leggerezza si confondono, come fossero sinonimi, gli aggettivi "mitico" e "mitologico". Invece il mito ricopre nella storia della riflessione occidentale un ruolo importantissimo perché, fin dal VI secolo a.C., ha rappresentato la forma più coerente con cui la conoscenza ha fatto la sua comparsa nell'ambito del pensiero critico. Tutto viene raffigurato in una forma narrativa la cui discorsività cela ma non nasconde del tutto quel nucleo di verità che rappresentava una sfida intellettuale di alto profilo lanciata – dato che si trattava di una conoscenza esposta prevalentemente in forma orale – all'attento ascoltatore. In altri termini, chi veniva a conoscenza di

un mito in un primo momento lo percepiva come un racconto immaginifico dove non mancavano incongruenze (il Minotauro si ciba di carne umana anche se il toro è una creatura erbivora), salti logici (ci sono divinità che muoiono e risorgono con sospetta rapidità), apparenti e crudeli contraddizioni (chi non risolve un enigma è destinato a morire). Chi non si ferma alle apparenze può però accorgersi di quanto le cose stiano in modo diverso: la creatura mostruosa allude alla bestialità del potere come anche alla necessità di creare un tabù sui rapporti fra uomini e animali, l'avvicendarsi di vita e morte rappresenta l'alternarsi delle stagioni nei riti agresti mentre l'importanza dell'enigma per la sopravvivenza indica la necessità di ben governare le parole, cosa che per una società di commercianti, marinai e viaggiatori non poteva che essere vitale. Sta di fatto che ogni storia inscritta nell'ambito del mito, per quanto possa apparire anomala, contiene sempre nel suo nucleo centrale un nocciolo di verità che è necessario saper cogliere. Personificare un concetto astratto permetteva, infatti, di raggiungere contemporaneamente due obiettivi fra

POETRY OF OBLIVION

ROBERTO MUTTI

"The beautiful places we seek out for inspiration surprise us with the melancholy they provoke..."
Robert Adams

If there is one thing from the past that we need to confront, it is the concept of myth. As often happens with overused terms, the word has lost much of its essential meaning. Even its very definition has been distorted, considering that it is so often confused with, or considered synonymous with, the adjectives "mythic" and "mythological". And yet, myth plays a crucial role in the history of Western thought. Indeed, since the sixth century B.C, it has been the most coherent form through which knowledge appears in critical thought.

Everything is cloaked in a narrative form whose easy, informal style veils, but does not fully hide, the germ of truth that represented a grand intellectual challenge launched at the attentive listener (since this knowledge was mainly transmitted orally). In other words, on first hearing a myth, one might consider it as an imaginative tale, full of inconsistencies (the Minotaur nourishes himself on human flesh whereas bulls are actually herbivorous animals), logical leaps (divinities who die and live again with suspicious speed), and obvious, cruel contradictions (whoever cannot solve the enigma is fated to die).

One who does not settle with appearances, however, recognizes that things are actually quite different: the monstrous creature alludes to the bestiality of power and the need for taboos in relations between men and animals; the rapid succession of life and death represents the sequence of the seasons in agrarian rites, while the importance of the enigma for survival indicates the need to properly mark one's words, especially vital in a society of merchants, sailors and travelers.

In brief, regardless of how anomalous it may appear, every story incorporated into a myth has a grain of truth to be grasped. By personifying an abstract concept, the myth achieves two distinct but important goals. For one, it makes an otherwise incomprehensible way of thinking accessible to a vast number of people (the god Chronos is a representation of the highly complex notion

di loro differenti ma altrettanto importanti: per un verso rendere fruibile per un vasto numero di persone ragionamenti altrimenti incomprensibili (il dio Cronos è la raffigurazione dell'idea assai complessa di Ordine) e per l'altra tende a costruire un percorso sinuoso che pochi eletti sanno seguire per arrivare, dopo non poca fatica, a decodificare i messaggi per cogliere, al di là delle apparenze, la loro autentica essenza.

Richiamarsi con il garbo e la perizia necessari a un mito come quello che parla delle acque del fiume Lethe dotate della singolare caratteristica di cancellare la memoria è l'intento posto al centro del progetto creato da Alessandra Cevasco e Davide Marino. L'assunto di partenza è scivoloso perché l'inevitabile richiamo è a Platone, comparendo il mito di Er nell'ultimo libro de "La Repubblica": da quando Susan Sontag ne ha analizzato nel suo saggio Sulla fotografia il meraviglioso mito della caverna, il filosofo greco compare in troppi discorsi, in troppe citazioni, in troppe evocazioni per non generare il sospetto che chi lo fa non manovra con la dovuta perizia questo materiale teorico. Eppure qualsiasi bravo studente liceale dovrebbe ben sapere che Platone non è da considerare un teorico dell'immagine ma un suo acerrimo nemico, essendo convinto assertore del fatto che ogni rappresentazione artistica, per il fatto stesso di essere tale, allontana l'uomo dalla realtà e così ne rende più difficile, se non impossibile, la comprensione. Cevasco e Marino, invece, si limitano correttamente a usare il mito come fonte dialettica cui accedere, giustamente convinti della ricchezza di quanto è a loro disposizione. Fin dal 2009, dedicando una giornata alla settimana con la pazienza e l'attenzione che ricordano un rito laico, hanno battuto i paesini dell'entroterra ligure alla ricerca non solo delle persone che ancora lì abitano ma anche e soprattutto di quella tenace memoria di cui sono rimasti unici e diretti testimoni. La prima cosa di cui si sono resi conto è la duplicità di questa situazione che, se per un verso trova aspetti molto positivi proprio nella testimonianza diretta e quindi priva di quei filtri che talvolta ne falsificano la spontaneità, dall'altro proprio per il fatto di legarsi indissolubilmente a vite a lungo vissute, rischiava e rischia

di perdersi con quelle stesse persone. Strano il nostro scoramento di fronte a situazioni di questo genere, un sentimento che caratterizza noi contemporanei abituati ad affidarci a documenti, scritti, registrazioni, immagini, libri, filmati da utilizzare per costruire una solida codificazione della vita. Gli storici della contemporaneità sono così costretti a utilizzare solo una parte di tutto ciò con un lavoro prevalentemente di sintesi mentre, al contrario, nel passato era da un raffronto analitico che si sfruttavano i pochi dati per ricavarne un quadro più generale dell'epoca. Abituati come siamo a poter far conto su una sterminata quantità di dati, noi rimaniamo spiazzati di fronte alla possibilità di non poterne avere a sufficienza. Alessandra Cevasco e Davide Marino si sono trovati dunque di fronte a una situazione di equilibrio dove la memoria e l'oblio diventano i due poli di una tensione da cui qualcosa sottilmente emerge. Il lavoro dei due fotografi, frutto di importanti meditazioni parallele, avanza in un percorso che si snoda come in un lunghissimo piano sequenza: indaga sulle espressioni dei visi, si sofferma sugli oggetti, scruta con curiosità sulla semplicità degli interni. Catapultati in una realtà dal sapore antico, entrambi si muovono con la consapevolezza che mentre la memoria è fondamentale per l'uomo quanto la storia, l'oblio ne è un necessario corollario perché serve come elemento di selezione, come purificazione in grado di lasciare spazio ad altre sensazioni, ad altri e ulteriori ricordi che il futuro ci regalerà perché ogni elemento del passato prelude a qualcun altro del presente. Tanto più che il soggetto con cui si confrontano è quel mondo degli umili — o dei vinti per citare la bellissima definizione di Nuto Revelli — che raramente si affaccia all'attenzione di tutti. Non sono due atteggiamenti opposti ma elementi complementari di un approccio dialettico che parte dalla consapevolezza che in casi come questi, se le parole possano depistare rivelandosi così inadeguate, è all'espressione artistica che bisogna ricorrere se si vuole indagare fino a cogliere l'aspetto più profondo della realtà.

È quanto hanno fatto i due autori nei loro reciproci percorsi che terremo distinti per sottolinearne nella

of Order). Secondly, it manages to trace a winding path that the wise few are able to follow, not without great effort, in order to decipher its messages and appreciate their most profound essence.

With this in mind, the project conceived by Alessandra Cevasco and Davide Marino aims with elegance and expertise to invoke the myth of Lethe, the river whose waters have the unique capacity to erase all memories. The starting assumption is a slippery one since it inevitably recalls Plato and his reference to the myth of Er in the last book of The Republic. Ever since Susan Sontag analyzed the famous myth of the cave in "On Photography", the Greek philosopher has been cited, quoted and evoked so often that one can only suspect that those citing and quoting and evoking are not handling this theoretical material with the expertise it is due.

Yet any clever high school student should know that Plato was not a theoretician of the image; quite the contrary, he was its bitter enemy, forcibly arguing that every artistic representation, by its very nature, distances man from reality, making it more difficult, or even impossible, to comprehend it. Cevasco and Marino, on the other hand, correctly limit themselves to using the myth as a dialectical source from which to draw, justly convinced of the richness it offers.

So, beginning in 2009, in a sort of secular ritual, they patiently devoted one day each week to combing through villages in the Ligurian hinterland in search of the remaining inhabitants and the enduring memory which they alone conserve. They soon realized the dual nature of the situation: although personal testimonies are free of the filters that undermine spontaneity, the memories are inextricably bound to the lives of the oldest generation and thus all traces are in danger of being lost when they pass on.

It is odd how discouraged we are in these situations, convinced that we need countless documents, writings, recordings, images, books and videos to construct a definitive codification of people's lives. Historians of the contemporary can only use a small part of all that, spending much of their time synthesizing material, whereas in the past historians analyzed and compared the little data they had to create a general picture of the era. We are so accustomed to having a vast quantity of data at our disposal that we wince at the mere possibility of not having enough.

Alessandra Cevasco and Davide Marino stepped out onto a kind of tightwalk between memory and oblivion, recording all that emerged from the tense balance. The work of the two photographers, the intriguing product of parallel meditations, investigates facial expressions, lingers over objects, and peers inquisitively into the simple interiors of homes, following a path that twists and turns like a lengthy sequence shot in a film.

Thrust into a situation redolent of the past, they proceed with the awareness that while memory is essential for man as history, forgetting is its inevitable corollary. In fact, the loss of memories can serve as a form of selection, a purification that leaves room for other sensations and other subsequent memories that the future will offer since every element of the past ushers in another — even more so when the subject in question is the world of the poor countryside (or of the defeated, as Nuto Revelli said), a world that only rarely shows its face.

Rather than an opposition, these are complementary elements of a dialectic approach that begins with the awareness that words can be misleading and thus insufficient in these cases. To dig until the deepest reality is revealed, one must turn to art. And this is precisely what these two authors have done, each in their own way, which we will discuss separately in order to emphasize the equal measure of independence and reciprocity that unites them along a single dialectic path.

Looking at Alessandra Cevasco's images, one immediately feels her fascination with rhythm; indeed, she never leaves the individual image as is but incorporates it in diptychs or sequences, creating a distinct musicality. This is clear from the very first photograph of a bird flying in a room whose window has been closed for who knows how long, but long enough certainly for the dust to accumulate on the mesh covering it. One

stessa misura l'autonomia ma anche la reciprocità che li intreccia in un unico percorso dialettico. L'elemento dominante che subito si coglie nelle immagini di Alessandra Cevasco è la sua predilezione per una scansione ritmica che non considera mai la singola immagine in quanto tale ma la inserisce in dittici e in sequenze dotate di un ritmo quasi musicale. Lo si coglie fin dall'inizio quando il percorso inizia con il volo di un uccello che si muove in una stanza la cui finestra è chiusa da chissà quanto tempo, come testimoniano le reti ricoperte di una polvere antica che le ricoprono. Chiedersi da dove è entrato o se il suo è un aspetto che rimanda a complesse metafore (un'Annunciazione, il messaggio di una pace possibile ma prigioniera, una speranza) sono ovviamente domande che non pretendono risposte perché, come sempre quando si è di fronte a una dimensione poetica, per tutti conta soprattutto il mistero. Certo è che osservando nell'immagine che completa il dittico la luce che colpisce solo la metà del quadrante di un orologio rendendo difficoltosa ma non impossibile la lettura dell'ora senza dirci se è fermo o in movimento, si comprende che da ora in poi sarà proprio la luce a ergersi a protagonista. Questa taglia netta la parete su cui si staglia una finestra la cui metà chiara è creata dal riflesso del sole sui vetri mentre quella nera dipende dalla mancanza degli stessi, poi si sposta depositandosi ora sulla serenità del primo piano del viso di un uomo e ora sull'inquieta sottolineatura della presenza della spuma bianca che la risacca deposita su una sabbia nera per poi allargarsi inaspettatamente nella visione lattiginosa di una nebbia da cui emergono i rami di un albero sottili come braccia di una danzatrice. In questo percorso appena iniziato già si coglie l'intenzione dell'autrice di interrogare la realtà calandola in un'atmosfera oracolare ed è per questo che poche parole scandite con cadenza poetica come una rivisitazione degli haiku giapponesi si alternano alle fotografie di cui sono comunque parte integrante. Una costante sono poi le finestre, intese nella loro valenza simbolica o come elementi capaci di sottolineare e scandire il rapporto fra l'interno e l'esterno, fra la realtà, il modo di osservarla e quello di immaginarla:

ne troveremo di delicate per le tende che le adornano, chiuse come le grate di una prigione, aperte davanti a una sedia vuota come il simbolo di una ritrovata libertà. Il ritmo narrativo è scandito dal ricorso a dittici e trittici capaci di creare accostamenti fra elementi simili – tronchi d'albero, stipiti di legno carezzati dalla luce, foglie adagiate oltre una rete metallica di protezione – oppure di cercare analogie più sottili basate sulle composizioni come nel caso della donna anziana dal volto solcato dalle rughe che sembra osservare la levigatezza delle tre scodelle che brillano nel buio da cui emergono. La presenza umana è costante anche se la sensazione è che sia silenziosa come l'uomo che cammina solitario in un campo, quello ripreso di spalle, quello che si staglia in controluce sulla soglia della porta di una chiesa o i due che emergono dal buio l'uno in piedi e l'altro seduto, i profili appena illuminati per trasmettere una suggestione che ha il sapore della melanconia. Anche gli oggetti, sempre semplici come una mela, una bottiglia, qualche barattolo, assumono qui una loro centralità ordinati e avvolti come sono in un'atmosfera delicatissima. Più ci si avventura in questo percorso più l'aspetto descrittivo lascia spazio a lampi visionari: un albero che per un attimo ci era parsa la sagoma di una divinità antica, una persona affacciata dietro una porta che era invece una maschera dall'espressione fissa, un viso delicato e sorridente che è quello di una statua immobile nella sua mancanza di vita. Improvviso, nel silenzio, un intenso battere d'ali: gli uccelli si posano su un davanzale, le loro ombre corrono rapide sulle pareti prima di scomparire lontani. Così, guardando verso il mare e la linea lontana dell'orizzonte, forse li si può vedere in lontananza.

Davide Marino calibra il suo lavoro sui toni di un intenso simbolismo cui il bianconero delle stampe conferisce una particolare carica. Il suo è uno sguardo che alterna con cadenza poetica il lontano e il vicino, il paesaggio esterno e la ripresa in interni, la figura umana e lo still life di oggetti. Proprio questo aspetto colpisce per la carica emotiva e talvolta consapevolmente drammatica che sa trasmettere perché è come se questi apparissero dotati di un doppio carattere: per un verso sembrano *objets*

wonders how the bird entered the room and whether it represents some elaborate metaphor (an Annunciation, a message of hope, an attainable but as yet imprisoned peace?). Yet these questions need no answer because, as always in the domain of poetry, what matters most is the mystery.

In the second image of the diptych, the light only illuminates half of the clock, making it virtually impossible to read the time; nor do we know if the clock is even working. Clearly, we realize that light itself is a defining feature of these images. Here it cuts straight across the wall with a window, one half shining with the sun's reflection on its glass, and the other half, black; there the light lands on a man's serene face seen close-up, then on the restless line of white foam left by a wave on the black sand, until it expectedly widens into the opaque vision of fog through which we discern the thin branches of a tree, like the arms of a dancer.

Thus, from the first images, we understand the photographer's intention to investigate reality, setting it in an enigmatic atmosphere. To this end, the photographs alternate with brief poetic words, like a sort of personal haiku, which are nonetheless an integral part of the work.

Windows are another constant feature of the images, to be understood as symbols or as elements that can emphasize and punctuate the relationship between inside and out, between a way of seeing reality and a way of imagining it. There are windows with delicate curtains, windows closed with prison-like grates, and windows flung open before an empty chair to symbolize freedom regained. The narrative rhythm is enriched by the use of diptychs and triptychs that bring together similar elements — tree trunks, wooden doorjambs bathed in light, leaves lying on the far side of a metal mesh — or that suggest more subtle analogies based on the composition itself. This is the case, for example, of the old woman with the wrinkled face who seems intrigued by the brilliance of three bowls that shine out of the darkness.

Another constant is the human presence, even if it is a silent one, like the man walking alone through a field, another seen from behind, another outlined against the light from the door of a dark church or the two visible through the dark, one standing and one sitting, the light illuminating their silhouettes just enough to convey a sense of melancholy.

Even the unfailingly simple objects — apples, bottles, or jars — acquire a powerful presence, neatly laid out and enveloped in a hushed atmosphere. The more one observes, the more the descriptive aspect gives way to sudden visions: a tree that for a brief moment seemed to resemble an ancient divinity, a person looking out the door is actually a mask, a sweet smiling face that is actually a lifeless statue. Suddenly, in the silence, we seem to hear the sound of wings beating as birds perched on a windowsill fly off, their shadows rushing along the walls until they disappear. Indeed, gazing at the sea and the distant line of the horizon, perhaps one can truly see into the distance.

Davide Marino's work features intense, symbolic shades that acquire a unique power in the black-and-white of the prints. In his poetic vision, distant views alternate rhythmically with close-ups, interiors with exteriors and the human form with still lifes. The emotional charge of the still lifes is particularly striking and at times intentionally dramatic, as if the objects had a double nature: in one way, they seem like objets trouvés recalling the tradition of the disconcerting Dada normality, and yet one also has the impression that they have been carefully arranged to create a harmony that allows a single table to hold a disparate set of dust-covered objects — a bottle, a jar whose timeworn label tells us it once contained castor oil, a fresh cabbage with gleaming white lines. It is as if the photographer's gaze had turned away from the study of people to focus on details glimpsed out of the corner of his eye but then transported to the centre of his vision. Thus, the many containers — glass bottles, pewter bowls, glasses, a jug, all immersed in a gentle melancholic atmosphere; their water has long dried up and the flowers once so lovingly arranged have likewise dried so that they now look like mournful little statues.

trouvés che rimandano alla tradizione dell'inquietante normalità dadaista, per l'altro danno l'impressione di essere stati attentamente composti alla ricerca di una studiata armonia capace di avvicinare su un'unica mensola, completamente impolverati, una bottiglia e un vaso, un piccolo contenitore che l'etichetta corrosa dal tempo ci dice aver contenuto olio di ricino e un cavolo fresco dalle brillanti venature bianche. È come se lo sguardo del fotografo si distogliesse dal percorso di studio dei personaggi per concentrarsi sui particolari colti con la coda dell'occhio ma poi posti al centro della sua visione. Ecco, dunque, i tanti contenitori – bottiglie di vetro, vasi di peltro, bicchieri, una brocca – calati in un'atmosfera dolcemente melanconica, perché in quei recipienti l'acqua è prosciugata da chissà quanto tempo e i fiori che una mano gentile vi aveva messo sono ora così secchi da sembrare piccole sculture vagamente funeree. Ma questo per Marino è solo il contorno, essendo le persone le vere protagoniste del suo muto racconto: ce lo dice da subito con due profili, aspro quello dell'uomo e antico quello della donna che ricorda certi ritratti femminili di Alexandr Rodcenko. Lo ribadisce con i tre anziani illuminati dalla luce proveniente dalla finestra, con quella coppia ripresa in un interno dove su un tavolo risaltano – guarda un po' – un bicchiere e una bottiglia mentre là in fondo si intravede la sagoma di una stufa. Ora le figure umane si prendono la scena e c'è pure, inaspettata, una ragazzina intenta a leggere che conferisce all'insieme dominato dal bianco e dal chiarore un che di allegro. Compaiono, alternate alle immagini, frasi che non sono didascalie ma occasioni per dare un ruolo nuovo alle parole conferendo loro una voluta musicalità. Il senso del tempo in un'atmosfera che immaginiamo calata in un sostanziale silenzio ora è scandito dai colpi secchi delle carte maneggiate con sicurezza da un anziano che in mancanza di un tavolo usa una sedia, dal passo del contadino che si incammina verso i campi con un forcone in spalla e un bottiglia d'acqua nel taschino della camicia a scacchi, dalla postura di quello più anziano che esibisce mani grosse

e callose le cui unghie spesse sono il *punctum* verso cui si concentra lo sguardo. Davide Marino ama la luce naturale e se, talvolta, la fa arrivare nelle case attraverso le finestre, più comunemente la insegue per lavorare in esterni dove trova gli elementi per costruire storie fatte di piccoli gesti. C'è l'uomo seduto sui gradini di casa che sembra chiedersi la ragione per cui su quelle pietre non passa quasi più nessuno e c'è quell'altro che, invece, quell'acciottolato lo calpesta con l'attenzione che merita una strada in discesa probabilmente scivolosa. C'è la ragazzina orgogliosa del nido che tiene fra le mani e c'è la coppia che non ti aspetti costituita da una anziana che appare da dietro i vetri sporchi di una finestra vecchia quanto lei e da una bambina ripresa di spalle mentre la guarda in un incrocio di sguardi, di generazioni, di aspettative. Ora si comprende che le persone e le cose si possono confondere ed è in tal modo che il fotografo le osserva, disposto a conferire una inaspettata vitalità a oggetti che ora assumono una più precisa valenza simbolica: è così per le due foglie una delle quali galleggia mentre l'altra è sommersa nell'acqua, per quelle cose posate su un tavolo per evidenziare quanto sono scarne, povere, irriconoscibili come tutte quelle che non servono più a nulla. Ma il discorso vale anche per quelle composizioni – barattoli, un compasso da falegname, un antico macinino – così ben accostati da farci accettare l'idea che il Caso sia capace di composizioni artistiche.

Ora il percorso si esaurisce di fronte ai due ritratti di anziani che sembrano estranei, come volessero rappresentare la vita invece di viverla e chissà che pensieri passano nelle loro menti. Forse per un attimo si soffermano su quell'angolo della cucina dove i piatti, lo straccio e la schiumarola appesa a un chiodo piantato nel muro evocano una pittura fiamminga che sicuramente non hanno mai visto, forse riguardano il ferro ben forgiato del parapetto, un tempo orgoglio di chi lo poteva esibire e ora traccia abbandonata del passato.

Poco più in là una donna stende i panni appena lavati: chissà se lo ha fatto immergendoli nell'acqua del Lethe.

This is actually only the starter for Marino, however, insofar as people are the true protagonists of his silent narrative. This becomes immediately clear from the two profiles, the man's rugged and the woman's with an ancient feel that recalls certain portraits by Alexandr Rodcenko. It is further confirmed by the three elderly figures in the light of a window, the couple photographed in a room with a table where – what do you know? – a glass and a bottle are sharply highlighted while one can just make out the outline of a stove in the background. Now human figures dominate the scene and there is even, unexpectedly, a young girl lost in her reading, adding a touch of happiness to the mostly white and glimmering image.

Written phrases alternate with the images, though rather than writing simple captions, Marino has taken this opportunity to give a new role to words, which he has imbued with a pleasing musicality.

The sense of time in an atmosphere that seems steeped in an almost solid silence is now interrupted by the thud of playing cards deftly tossed down onto a chair by an old man, by the steps of a farmer walking towards the field with a pitchfork over his shoulder and a bottle of water in the pocket of his chequed shirt, by the pose of the older man with his large, calloused hands whose thick nails become the punctum that draws our gaze.

Davide Marino loves natural light. While he sometimes makes it reach through windows deep into people's homes, more often he pursues it by working outside where he finds the elements to construct stories made of the most minimal actions. Sitting on the steps of his house, a man seems to ponder why no one passes by anymore down the old stones; another plods on those cobblestones, paying close attention to keep from slipping down the hill. Then there is the little girl proudly holding a nest and the unlikely couple – an old woman seen through a dirty window as old as herself and a young girl portrayed from behind as she watches the woman in a crisscrossing of visions, generations and expectations.

Now we realize that people and things can merge in some way, which is how the photographer sees them, managing to give a surprising vitality to objects, which thereby acquire a more precise symbolic value. This is the case of the two leaves, one floating and the other sunken beneath the water, and with the objects on a table to emphasize how meagre, lowly and unrecognizable they are, like everything that has become useless. But this also holds true for Marino's compositions – jars, a carpenter's compass, an old coffee grinder – so well arranged we might even believe that Chance can create artistic compositions.

The exhibition ends with two portraits of old men who seem almost like aliens, as if they represent life rather than actually living it and who knows what thoughts are passing through their minds. Maybe, for a moment, they gaze upon the corner of the kitchen where the plates, the rag and the skimmer hanging from a nail remind us of a Flemish painting - though they surely have never seen one. Or maybe they notice the elaborate ironwork of the railing, once the pride of its owner and now nothing more than an abandoned trace of the past.

Further along there is a woman hanging up her clothes to dry. Who knows? Perhaps she washed them in the waters of the Lethe.

LE ACQUE DEL FIUME LETHE

FOTOGRAFIE DI/PHOTOS BY ALESSANDRA CEVASCO

ai miei genitori
to my parents

INTRODUZIONE
LE ACQUE DEL FIUME LETHE

ALESSANDRA CEVASCO

Nell'ombra risuona una domanda, sempre la stessa, da anni. Illumina appena le delicate fronde, aprendo lo sguardo verso il fiume.

Il viandante si ferma e osserva, apprestandosi al rituale della partenza, l'ennesima.

Ascolta quel mistero che gli scorre dentro dalla nascita, labile soglia tra il tempo dell'Angelo e quello del mondo.

Viaggia all'interno di sogni, di frammenti, di fragili reminiscenze. Attraversa la desolazione dei conflitti, gli esili inevitabili, la dolcezza dei ritorni.

Incontri innumerevoli, addii innumerevoli.

Il timore della perdita da sempre lo accompagna. Che cosa rimane, che cosa invece ci lascia per sempre?

Una qualche risposta dovrà trovarsi nella luce, in quest'erba tenera, nella gioia di ogni uccello... E forse in quell'abisso, di cui non si intravede la fine...

Mentre le immagini a poco a poco svaniscono, sente l'anima lasciare il suolo effimero della sponda e abbandonarsi fiduciosa al ritmo della corrente.

Laggiù, avvolta in un concavo silenzio, la domanda si scioglie in un'invocazione.

Nell'oscurità si avverte un'essenza di rinascita.

Alessandra Cevasco

PREFACE
THE WATERS OF THE LETHE RIVER

ALESSANDRA CEVASCO

A question, always the same one, has echoed in the shadows for years. It barely illuminates the delicate branches, opening up the view of the river.

The wayfarer stops and looks, preparing himself for the ritual of departure, yet again.

He listens to the mystery flowing through him since birth, evanescent border between the time of the Angel and that of the world.

He travels in a world of dreams, fragments and fleeting memories. He experiences the desolation of conflicts, inevitable exiles, the sweetness of return.

Countless meetings, countless goodbyes.

Always accompanied by the fear of loss. What is left and what is lost forever?

An answer should exist in the light, in this young grass, in the joyful song of every bird... Maybe in that bottomless abyss...

As the images gradually fade, he feels his soul float away from the ephemeral shore and trustingly abandon itself to the current lilt.

Over there, enveloped in a cone of silence, the question becomes an invocation.

A core of rebirth finds its way through the darkness.

Alessandra Cevasco

E donasti agli uccelli

i tuoi canti di neve

per far fiorire gli inverni

nei sogni austeri degli alberi

And you gave birds

your songs of snow

to make winters bloom

in the solemn dreams of trees

Gocce di luce

stillano

sui gradini del tempo

Light

drips

onto the steps of time

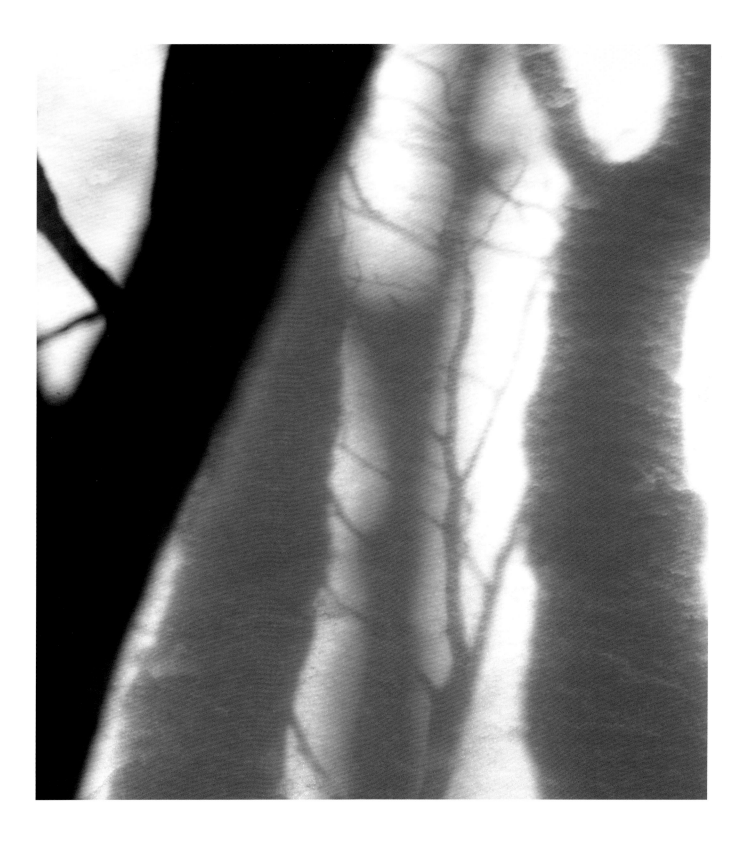

Il vento cerca

tra passi e pietre

la sua ombra

The wind seeks

                     its shadow

between footstep and stone

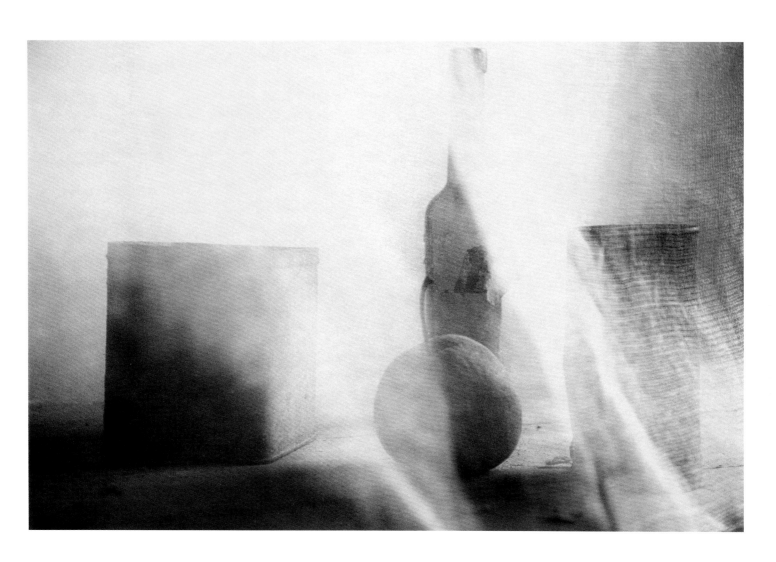

Muta, la luce

attraversa i muri

poi scompare

Silent, the light,

passes through walls

then disappears

58

Sui miei palmi

frammenti del silenzio

di un angelo

On my palms

fragments of the silence

of an angel

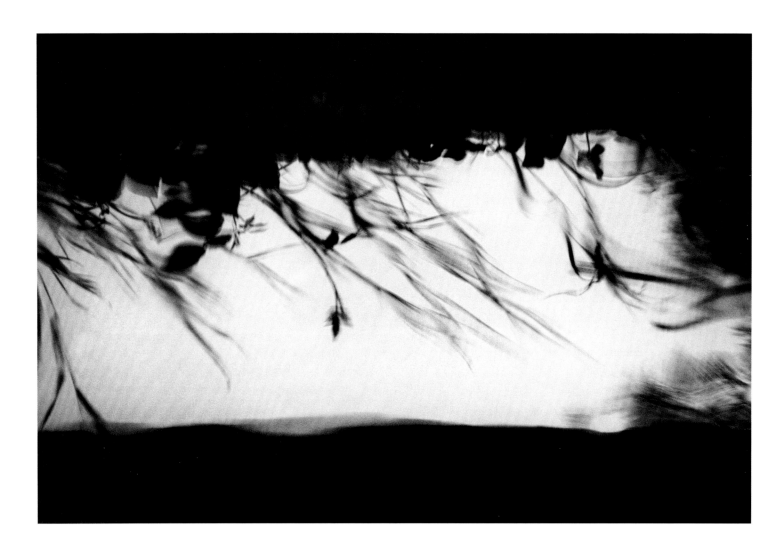

Oceani verticali

sciolgono i confini

tra l'infinito e il mondo.

Navighiamo,

navigati da un sogno.

Vertical oceans

          dissolve the borders

between the infinite and the world.

               We sail on,

sailed by a dream.

LE ACQUE DEL FIUME LETHE

FOTOGRAFIE DI / PHOTOS BY DAVIDE MARINO

in memoria di mia madre e di Federica
in memory of my mother and Federica

INTRODUZIONE
LE ACQUE DEL FIUME LETHE

DAVIDE MARINO

Ho guardato nel buio di una stanza, la stanza della mia memoria,

e ho potuto scorgere solo qualche immagine, tracce della mia vita.

Mentre cercavo di vedere meglio e riconoscere

più parti di quanto avevo vissuto in passato

ho sentito una strana sensazione, come se entrassi in un luogo

infinito e sacro, che partiva da molto lontano

e che alla fine era giunto fino a me.

Forse quella stanza era connessa con altre stanze?

Volevo entrare in quel buio e viaggiare in esso

per arrivare a scoprire, alla fine, la sorgente

di questa infinita serie di spazi di cui avvertivo la presenza.

Ma non mi è stato concesso entrare e andare oltre.

Ho potuto solo osservare la prima stanza

e cercare, con tanta fatica, di catturare nell'ombra

volti, suoni, oggetti e posti debolmente illuminati.

Questo libro contiene alcune fotografie che rappresentano questa mia ricerca,

trovare una voce a questa esperienza, al mio viaggio nella memoria, e scoprire

quanto fragile essa sia, dovendo sempre lottare con l'oscurità dell'oblio.

Sono molto attratto da tutto quello che nel mondo scompare per far posto al nuovo.

E mi chiedo se esista un luogo dove tutto ciò che è stato amato si conservi per sempre,

per poterlo un giorno comprendere meglio...

PREFACE
THE WATERS OF THE LETHE RIVER

DAVIDE MARINO

I looked into the darkness of a room, the room of my memory,
but I could discern few images, traces of my life.
As I tried to see better and to recognize
more parts than I had lived in the past
I felt a strange sensation, as if I had entered into an infinite,
sacred place, that began far far away
and in the end reached all the way to me.
Was that room possibly connected to other rooms?
I wanted to enter into that darkness and journey there
to manage to discover, in the end, the source
of this infinite series of spaces whose presence I sensed.
But I was not granted the chance to enter and go beyond.
I could only observe the first room
and try, with great effort, to capture in the shadow
faces, sounds, objects and places so weakly lit.
This book contains some photographs that represent that exploration,
to find a voice for this experience, for my voyage in memory, and to discover
How fragile it is, forced always to struggle against the darkness of oblivion.
I am drawn to all that in the world disappears to make room for the new.
And I wonder if there is a place where everything that has been is preserved forever,
to be able one day to understand it better...

Prima dell'ultima luce
conservo l'acqua dei miei giorni
lungo il sentiero della memoria.

Before the last light
I preserve the water of my days
on the path of memory.

Una carezza ancora,
colma del mio Amore.

Tu che sei al di là
ricordati di chi
è nel mondo dei vivi.

One more caress,
brimming with my Love.

You on the other side
remember those
in the world of the living.

Il tempo scorre,non si ferma
e ricopre di polvere.

Rimarrà il ricordo
di ciò che é stato,
salvato dall'oblio?

Time flows, never stops
and covers with dust.

Will the memory remain
of what has been,
saved from oblivion?

Non lasciare che il mio silenzio
risuoni invano.

Portami con te,
ovunque tu sarai.

Do not let my silence
echo in vain.

Take me with you,
wherever you may be.

Ieri era la mia casa,
oggi devo lasciarla,
domani la rimpiangerò.

Yesterday it was my home,
today I must leave,
tomorrow I will regret.

L'intera vita consacrata
alla propria terra.

Il riposo è una giusta
ricompensa.

An entire life consecrated
to one's land.

Repose is a just
reward.

Quando ti chiedo se ci vedi
in questo misterioso mondo,

so già che basta esserci.

When I ask if you see
this mysterious world,

I already know it is enough to be there.

Lontano, ma vero,
sento un canto dolce.

È una musica che mi porta
dove tutto non muore.

Far off, but true,
I hear a sweet song.

Music that carries me
where nothing dies.

Proiettarsi dentro le cose
per comprendere.

Per cercare
di catturare l'essenza.

Penetrate inside things
to understand.

To seek
to capture the essence.

Il cielo è sopra le nubi.

Io lo sento nel cuore.

The sky is above the clouds.

I feel it in my heart.

Ripenserò ai miei voli
e ne sognerò altri, nuovi.

I will recall my flights
and dream of others.

La magia della vita,
il bisogno della Fede.

The magic of life,
the need for Faith.

Più so
e più mi accorgo che non so.

The more I know
the more I realize I don't know.

Ti racconto l'incontro
dei due Mondi,
quello dentro di noi
e quello che ci circonda.

I tell of the meeting
of two Worlds,
one inside us
and one around us.

Ho visto un quadro dipinto.
Era un paese, con le sue case,
i suoi oggetti e i suoi abitanti.

Era vivo !

I saw a painting.
It was a town, with its houses,
its objects, its inhabitants.

It was alive!

126

Bisogna far presto a vedere.

We must take it in quickly.

Tutto scompare, ormai.

Everything disappears.

Il mio sentire rimarrà
chiuso dentro una gabbia.

Tu credi?

My senses will stay
locked in a cage.

You think so?

C'é stato un tempo.

Dopo dovrà esserci
un passaggio.

There was a time.

Later there should be
a transition.

Ho visto le tracce, le orme
di chi è passato prima di me.

Nessun vento dovrà mai
cancellarle.

I've seen the traces, the footprints
of those who passed before me.

No wind must ever
erase them.

C'è un filo che lega
ogni generazione alla successiva.
Perché tagliarlo?

There is a thread that ties
each generation to the next.
Why cut it?

L'antica unione.   The ancient union.
Quanto durerà ancora?   How much longer will it last?

La donna ha lavato
con le acque del Lethe.

Una nuova alba ci aspetta...

The woman washed
with the waters of Lethe.

A new dawn awaits us...

BIOGRAFIE

ALESSANDRA CEVASCO

Nata nel 1966 a Santa Margherita Ligure, Alessandra Cevasco vive e lavora a Genova. Da sempre trova nell'immagine il medium per relazionarsi con la realtà nella maniera più profonda e contemplativa. Studia pittura e incisione all'Accademia di Belle Arti di Genova. La fotografia, alla quale si avvicina in maniera autonoma, è per lei inizialmente un mezzo di presa di coscienza della bellezza del mondo, legata soprattutto all'osservazione della natura. Più tardi la approfondisce dal punto di vista tematico e lavora per renderla sempre più essenziale nell'aspetto formale: così la trasforma in un processo creativo di costruzione di senso e in un necessario ambito di incontro, dialogo e auto-conoscenza. Dal 2002 la sua visione si concentra

sempre di più sul bianconero, si interessa dei processi manuali di stampa fotografica e ne apprende le tecniche, iniziando a stampare in proprio le immagini che realizza. Nel settembre 2007 inaugura insieme al fotografo Davide Marino la Fotogalleria Incantations, nel cuore del centro storico di Genova. Da allora affianca al suo percorso autorale la realizzazione di servizi, la gestione dello spazio espositivo e l'insegnamento della fotografia nell'ambito dei corsi organizzati da Incantations.

La sua ricerca fotografica attuale è intimista e metaforica, sempre più attenta alla sequenza narrativa e al dialogo tra le immagini e l'ambiente.

PRINCIPALI MOSTRE:

LE ACQUE DEL FIUME LETHE
MIAfair 2014 - Milan Image Art Fair, maggio 2014
Rassegna d'Arte "Diffusa 2013", Quiliano (Sv), luglio 2013
Studio Incantations, Genova, ottobre 2011
Castello di Kratochville, Boemia del Sud (Repubblica Ceca), giugno-agosto 2010
The Art-Hall Gallery of Arts Support Fund, Kiev (Ucraina), giugno 2010
Studio Incantations, Genova, gennaio 2010

TEXTURA LUCIS
Museo del Damasco, Lorsica (Ge), marzo-maggio 2014
The Art-Hall Gallery of Arts Support Fund, Kiev, giugno 2010
Studio Incantations, Genova, maggio 2009

ACQUAIMMAGINATA
(installazione) Villa Barrili, Carcare (Sv), novembre 2013

INTERLUDIO
(installazione) Studio Incantations, Genova, novembre 2012

ALI
Libreria "Il Portolano", Camogli (Ge), settembre 2009
Studio Incantations, Genova, ottobre 2008

DAVIDE MARINO

Nato a Genova nel 1964, Davide Marino dopo il diploma di Maturità Classica si iscrive alla facoltà di Economia e Commercio all'Università di Genova ma, superata la maggior parte degli esami, abbandona gli studi per lavorare come contabile presso uno studio di commercialista. Appassionato di arte da sempre, dopo un grave lutto familiare nel 1993 trova nell'opera del pittore Vincent van Gogh e nella musica del compositore Wolfgang Amadeus Mozart grande conforto e fonte di gioia. Scopre, a quel punto, il potere che ha l'espressione artistica di guarire i mali del nostro vivere, e nella fotografia la via a lui più congeniale per approfondire tale ricerca. Pur avendo appreso dal padre appassionato le tecniche di base fin da bambino, solo nel 1999 inizia seriamente a dedicarsi alla fotografia. Studia una forma di espressione, un linguaggio che riesca a comunicare a un livello più profondo di comprensione emotiva, che si spinga oltre la comunicazione verbale. A Genova nel 2001 espone al pubblico per la prima volta le sue fotografie e tre anni dopo decide di dedicarsi totalmente, da professionista, alla fotografia. Nel 2007 insieme ad Alessandra Cevasco fonda e inizia a lavorare a un progetto ambizioso: Incantations, galleria dedicata alla fotografia che si trova nel centro storico di Genova. Attualmente oltre alla sua attività autorale si dedica alla gestione dello spazio espositivo di Incantations e all'insegnamento della fotografia nei corsi lì organizzati.

PRINCIPALI MOSTRE:

LE ACQUE DEL FIUME LETHE
MIAfair 2014 Milan Image Art Fair, maggio 2014
Rassegna d'Arte "Diffusa 2013", Quiliano (Sv), luglio 2013
Studio Incantations, Genova, ottobre 2011
Castello di Kratochville, Boemia del Sud (Repubblica Ceca), giugno-agosto 2010
The Art-Hall Gallery of Arts Support Fund, Kiev (Ucraina), giugno 2010
Studio Incantations, Genova, gennaio 2010

TEXTURA LUCIS
Museo del Damasco, Lorsica (Ge), marzo-maggio 2014
The Art-Hall Gallery of Arts Support Fund, Kiev (Ucraina), giugno 2010
Studio Incantations, Genova, maggio 2009

MATER NATURA
Villa Barrili, Carcare (Sv), novembre 2013
Studio Incantations, Genova, novembre 2012

ALI
Libreria "Il Portolano", Camogli (Ge), settembre 2009
Studio Incantations, Genova, ottobre 2008

NASCOSTA NELL'ANIMA
Sala espositiva Biblioteca Comunale Berio, Genova, aprile 2007

IMPROMPTUS
Foyer Teatro sociale, Camogli (Ge), maggio 2007

RISVEGLI
Palazzo Fieschi, Genova, aprile 2006

INCANTESIMI
Consolato Stati Uniti d'America, Milano, agosto-settembre 2002

BIOGRAPHIES

ALESSANDRA CEVASCO

Alessandra Cevasco was born in 1966 in Santa Margherita Ligure and presently lives and works in Genoa. The image has always been the medium that allows her to relate to reality in the most profound and contemplative way, although she studied painting and etching at the Genoa Academy of Fine Arts. She was drawn to photography independently, initially as a means of becoming more sensitive to the beauty of the world, especially through the observation of nature. Later, she explored a variety of other themes, while working to keep the formal aspect as essential as possible. In this way, she has been able to transform her work into a creative process of constructing meaning and a much-needed sphere of encounter, dialogue and self-awareness.

Since 2002, she has become more and more interested in black and white imagery and manual printing processes, and has begun to print her own images. In September 2007, she and photographer Davide Marino founded the photography gallery Incantations in the historic centre of Genoa. Since then, in addition to pursuing her personal artistic career, she realizes photographic reports, manages the exhibition space and teaches photography in courses organized by Incantations. Cevasco's current photographic work is intimate, metaphorical, and increasingly concerned with narrative sequence and the interaction of image and environment.

SELECTED EXHIBITIONS:

LE ACQUE DEL FIUME LETHE
MIAfair 2014 - Milan Image Art Fair, May 2014
Rassegna d'Arte "Diffusa 2013", Quiliano (Sv), July 2013
Studio Incantations, Genoa, October 2011
Kratochville Castle, Bohemia, June-August 2010
The Art-Hall Gallery of Arts Support Fund, Kiev (Ucraina), June 2010
Studio Incantations, Genova, January 2010

TEXTURA LUCIS
Museo del Damasco, Lorsica (Ge), March-May 2014
The Art-Hall Gallery of Arts Support Fund, Kiev, June 2010
Studio Incantations, Genoa, May 2009

ACQUAIMMAGINATA
(installation) Villa Barrili, Carcare (Sv), November 2013

INTERLUDIO
(installation) Studio Incantations, Genoa, November 2012

ALI
Il Portolano Bookshop, Camogli, (Ge), September 2009
Studio Incantations, Genoa, October 2008

DAVIDE MARINO

Davide Marino was born in Genoa in 1964. After finishing Classical High School, he enrolled at the University of Genoa in Economics and Commerce. Then, after successfully completing 70% of the exams, he left the university to work as an accountant in an accounting firm. Being a passionate art lover, he found particular consolation and joy in the paintings of Vincent van Gogh and the music of Wolfgang Amadeus Mozart after a tragic family loss in 1993. Indeed, at that point, he understood the great healing power of art and discovered photography as the media most suited for him to explore. Although he had learned basic techniques as a child from his father, a photography enthusiast, Davide only began to devote himself to photography seriously in 1999. He sought an expressive language able to communicate emotional truths on a deep level, one that pushes beyond verbal communication.

He had his first exhibition on 24 November 2001 in Genoa. Then in 2004, he began to dedicate himself exclusively to photography on a professional level. In 2007, with the decisive help of Alessandra Cevasco, he founded and initiated work on the ambitious project of Incantations, a photography gallery in the historic centre of Genoa. Currently, in addition to managing the gallery and periodically exhibiting his own work, he also teaches photography.

SELECTED EXHIBITIONS:

LE ACQUE DEL FIUME LETHE
MIAfair 2014 Milan Image Art Fair, May 2014
Rassegna d'Arte "Diffusa 2013", Quiliano (Sv), July 2013
Studio Incantations, Genoa, October 2011
Kratochville Castle, Bohemia, June-August 2010
The Art-Hall Gallery of Arts Support Fund, Kiev (Ucraina), June 2010
Studio Incantations, Genova, January 2010

TEXTURA LUCIS
Museo del Damasco, Lorsica (Ge), March-May 2014
The Art-Hall Gallery of Arts Support Fund, Kiev (Ucraina), June 2010
Studio Incantations, Genoa, May 2009

MATER NATURA
Villa Barrili, Carcare (Sv), November 2013
Studio Incantations, Genoa, November 2012

ALI
Il Portolano Bookshop, Camogli, (Ge), September 2009
Studio Incantations, Genoa, October 2008

NASCOSTA NELL'ANIMA
Sala espositiva Biblioteca Comunale Berio, Genoa, April 2007

IMPROMPTUS
Foyer Teatro sociale, Camogli (Ge), May 2007

RISVEGLI
Palazzo Fieschi, Genoa, April 2006

INCANTESIMI
Consolato Stati Uniti d'America, Milan, August-September 2002

Silvana Editoriale Spa

via Margherita De Vizzi, 86
20092 Cinisello Balsamo, Milano
tel. 02 61 83 63 37
fax 02 61 72 464
www.silvanaeditoriale.it

Stampato in Italia nel mese di maggio 2014
Printed in Italy in May 2014